ADRESSE
A L'ASSEMBLÉE NATIONALE.

DÉPUTATION ET ARRÊTÉ

DE LA COMMUNE DE CLAMART-SOUS-MEUDON,

L'une des quatre Communes fédérées qui composent le septième canton du district méridional du Département de Paris, au sujet des biens domaniaux demandés pour les plaisirs et chasses du Roi.

———————

A L'ASSEMBLÉE NATIONALE,

Le 19 Août 1790.

MESSIEURS,

Vous voyez les représentans d'une Commune livrée aux plus vives alarmes.

Le bruit s'est répandu que le Roi vient enfin de vous déclarer les parties qu'il desire se

A

réserver pour le plaisir de sa chasse , et que non content de les borner , selon l'esprit de vos décrets sur les biens nationaux , aux seuls domaines ci-devant propres de Sa Majesté, il y comprend encore , entr'autres choses , une plaine vaste et fertile , quoique d'une culture dispendieuse et pénible , qui compose presque tout le territoire de Clamart , et sans l'entière propriété de laquelle cette malheureuse communauté ne peut, nous ne disons pas s'accroître ni fleurir , mais subsister.

Ce bruit terrible a fait sur nos esprits une impression d'autant plus soudaine, que déjà le Ministre de la maison du Roi nous y avoit préparés, dès le mois de mai , par l'organe de notre Procureur , et nous arrêtames dès-lors que , si jamais on essayoit d'exécuter ce funeste projet, nous nous réfugierions devant cette auguste Assemblée pour réclamer l'appui de la loi , qui est son ouvrage; le droit de la liberté, qui est notre bien commun , et que nous avons juré de défendre, de conserver pour nous - mêmes, comme pour tous nos frères.

Sans la libre culture de sa plaine , la commune de Clamart, actuellement composée de plus de douze cents ames , est anéantie, sinon dans la génération présente , du moins dans celle qui lui succédera.

On l'indemnisera, dit-on. Et comment? Sera-ce en lui donnant d'autres terres libres en remplacement de celles que l'on veut remettre sous le régime destructeur des chasses? Mais il n'existe, dans son voisinage, aucun domaine, aucune propriété qui puisse se prêter à ce remplacement. L'indemnité se fera donc en argent; mais l'argent peut-il indemniser un laboureur de la perte de son fonds? car il faut désormais regarder comme absolument perdu tout fonds grévé de la servitude de la chasse. Créancier de la terre, c'est de la terre, et non de l'argent qu'il faut à ses bras nourriciers de la patrie; il lui en faut pour sa postérité naturellement destinée aux mêmes travaux; et la conservation de trois cents familles de cultivateurs à la porte d'une ville comme Paris, mérite bien d'être prise aussi en considération.

Vous serez comme auparavant, nous disoit le Ministre. Hélas! n'étoit-ce pas nous dire que nous serions perdus sans ressource? N'étoit-ce pas nous dire que seuls, de tous les Français, nous serions déchus de la liberté? Eh! quoi! Serions-nous donc réservés pour voir le bonheur autour de nous sans pouvoir l'atteindre; pour bénir vos travaux, sans pouvoir en profiter, et pour être forcés d'oublier l'article XVII de la Déclaration des droits, en sacrifiant une possession vraiment publique, puisqu'elle soutient toute une Commune, à des convenances privées, peut-être même passagères, et qui sont, pour tout dire, contraires à son existence ?

Non, Messieurs, nous osons croire que le malheur qui nous menace n'aura pas lieu. Le Roi peut être trompé, mais la bonté de son cœur le rappellera toujours sans peine à ces vérités, si souvent sanctionnées par ses bienfaits : LE MONARQUE EST INSTITUÉ POUR CONSERVER, ET NON POUR DÉTRUIRE ; LE BIEN DU PEUPLE MARCHE AVANT LE SIEN ; UN PLAISIR DOIT CESSER DE L'ÊTRE POUR LUI, S'IL PEUT COUTER DES LARMES A UN SEUL DE SES SUJETS.

Avant donc qu'il soit rien décrété sur ce qui peut nous concerner dans la demande de Sa Majesté, qu'il nous soit permis, Messsieurs, d'adresser directement nos réclamations à ce bon Prince : il est notre père, comme celui de tous les Français ; et après nous avoir déclarés libres, après nous avoir annoncé le bonheur, il ne renversera pas son ouvrage, et sera fidele à sa promesse.

RAPPORT DE LA DÉPUTATION.

Extrait du registre Municipal du 20 Août 1790.

L'an 1790, le vendredi 20 août, onze heures du matin, l'assemblée générale de la Commune,

(5)

convoquée par MM. les maire et officiers mu-
nicipaux, s'est formée au son de la cloche
et du tambour pour célébrer, conformément
à son arrêté du 31 janvier dernier, l'anniver-
saire du prononcé de la DÉCLARATION DES DROITS
DE L'HOMME EN SOCIÉTÉ ; et il fut fait lecture
solemnelle de ce code fondamental, source de
toutes les loix qui doivent régénérer cet empire ;
après quoi, le Procureur de la Commune ayant
à faire le rapport de la députation envoyée la
veille à l'Assemblée nationale, demanda la parole,
et dit :

MESSIEURS,

» Vos députés n'ont pu obtenir audience. M.
» *Dupont*, président actuel, nous a objecté
» qu'il croyoit qu'un décret nouvellement pro-
» noncé, n'admet plus à la barre que les dé-
» putations des départemens. Pénétrés de l'es-
» prit des loix constitutionnelles, en vain avons-
» nous manifesté des doutes sur l'existence de
» ce décret ; envain avons-nous observé que
» s'il existoit, il seroit, regardé comme
» fait, moins pour ménager les momens de l'As-
» semblée, qui n'en a jamais de plus précieux
» que ceux qu'elle peut donner à la défense

A 3

» du Peuple, que pour élever un mur de sé-
» paration entre les portions du souverain et la
» généralité de ses mandataires ; en vain avons-
» nous répété que n'ayant encore ni département,
» ni district, nous sommes, et nous devons
» nous mettre sous le regard immédiat, non
» d'un simple comité, auquel nous pourrions
» manquer de confiance, mais de tous nos
» représentans dont l'universalité nous offrira
» toujours des protecteurs, un simple *je crois*
» nous a sévèrement éliminés du sanctuaire où
» nous avons placé nos organes, nos défen-
» seurs et nos appuis.

» On nous conseilla de nous présenter au
» comité des domaines ; et il fallut bien prendre
» ce parti.

» M. *Parent*, président de ce comité, et
» que nous trouvâmes seuls, nous reçut avec
» intérêt ; et voici le résultat des observations
» qu'il nous mit à même de faire, après l'ins-
» pection des cartes et du mémoire fournis à
» l'Assemblée Nationale au nom du Roi. Je vous
» supplie, Messieurs, de me suivre avec la plus
» grande attention.

» Meudon se trouve au nombre des objets
» demandés pour le Monarque, et le mémoire
» porte que le domaine qui en dépend ne consiste

» que dans le parc qui l'environne, et en quelques
» fermes.

» Nulle mention de la plaine de Clamart, de
» cette terre nourricière, notre soutien actuel,
» et l'espérance de notre postérité ; mais ne vous
» livrez pas trop vîte aux transports de la joie.

» Par une pétition générale, le Roi demande
» la réunion des biens ecclésiastiques qui se
» trouvent situés soit dans l'intérieur, soit dans
» le voisinage des différens parcs et bois qu'il
» desire qu'on lui attribue.

» Ainsi, comme Sa Majesté possede une por-
» tion du bois de Verrieres, il demande la pos-
» session du reste qui est à des religieux, et
» celle du bois des feuillants qui se termine à
» la route qui conduit de Clamart au Plessis-
» Piquet.

» Si ce point lui est accordé, voilà notre
» plaine circonscrite et bornée dans toute sa
» longueur, d'un côté par le parc de Meudon,
» de l'autre par les bois réunis du Plessis-Piquet
» et de Verrieres.

» Jusque-là rien encore qui puisse nous al-
» larmer, si l'on satisfait à la juste réquisition
» que nous avons faite dans notre cahier par-
» ticulier, que nous avons répétée dans celui de
» notre assemblée générale du bailliage royal

» de Meudon , et qui se trouve énoncée en ces
» termes dans le cahier général de la prévôté
» et vicomté de Paris , hors les murs , *page*
» *123.*

Que les parcs de Meudon et bois de Verrieres ,
et autres circonvoisins , soient clos et fermés de
manière à ce que les bêtes fauves et autre gibier ne
puissent dévaster leurs propriétés , et les mettre hors
d'état de payer leurs portions de subsides.

» Mais , Messieurs , ce n'est point là le plan
» du ministre , et vous allez reconnoître avec
» effroi , que sans être expressément menacés ,
» nous serons réellement perdus , si nous ne
» nous hâtons pas d'implorer l'assistance de l'As-
» semblée Nationale toute entière , loin de nous
» fier à des comités , de recourir la justice du
» Roi dont on égare la bonté , et si nous ne venons
» pas nous-mêmes à notre propre défense.

« Vous vous rappellerez , sans doute , qu'ayant
» été mandé par M. *Guignard ,* nommé alors *de*
» *Saint-Priest ,* je me rendis chez ce ministre le
» mercredi 12 Mai , avec M. le Maire que je
» priai de m'accompagner. Il devoit , m'avoit-on
» dit , me communiquer les intentions du Roi
» sur la clôture du parc que nous lui avions
» demandée quelques semaines auparavant , par
» une adresse particulière. Quelle fut notre sur-

» prise , lorsqu'au lieu de nous parler du ré-
» tablissement de l'ancien mur abattu par les
» ordres de M. l'abbé *Terray* , il nous proposa
» la construction d'un mur nouveau , qui , partant
» de celuiqui termine le manoir de notre Com-
» mune , embrasseroit le bois du Plessis-Piquet ,
» s'étendroit jusqu'à Amblainvilliers , pour ren-
» fermer de-là le bois de Verrieres et la fin de
» notre territoire , par le haut.

» Eh ! Quoi , Monsieur , c'est donc toute
» notre plaine que vous allez prendre ? Et vous
» voulez nous charger de porter à nos conci-
» toyens une aussi funeste nouvelle ? — Mais on
» les dédommagera. Le Roi veut avoir du gibier
» volatil ; il veut établir une faisanderie , et
» pour cela , il lui faut dans ses plaisirs des ter-
» res en culture :—Ah ! Monsieur , s'il n'étoit pas
» question de notre existence, et , ce qui est pour
» nous d'une considération plus grande encore ,
» de l'existence de nos enfans , nous nous trou-
» verions flattés de pouvoir faire des sacrifices
» à ce bon Prince , au nom duquel vous nous
» parlez ; mais daignez observer... — Quoi ?
» Vous demande-t-on votre propriété ? On vous
» la laisse. — Sans doute , parce qu'on a besoin
» de nous la laisser ; mais que sera-ce qu'une
» telle propriété ! — Le Roi ne veut qu'acquérir

» votre droit de chasse , et vous donnera une
» indemnité digne de lui. — Le droit de chasse !
» Nous n'avons pas le droit de chasse. — Quoi !
» Vous ne chassez pas ? — Pardonnez-moi ; mais
» la chasse n'est pas un droit pour nous , puis-
» que chacun n'en use et n'en peut user que
» sur son terrein seulement ; c'en étoit un , sans
» doute , sous le régime féodal , et un droit
» terrible , car il violoit tous les autres ; mais
» pour nous , la chasse est un acte de conser-
» vation, une annexe inséparable , une suite
» naturelle de la propriété, qui la met en défense,
» et sans laquelle, enfin , il ne peut y avoir de
» vraie ni de complette propriété.—Cependant
» il faudra bien prendre un parti ; car si vous
» ne déterminez rien vous-mêmes, l'Assem-
» blée Nationale prononcera sans vous. — Sans
» nous ! Et de quel droit ? Auroit-elle oublié
» tout-à-coup l'article XVII de la Déclaration
» qui nous a rendus à la liberté , et qui est
» une loi souveraine ? Au reste, Monsieur, nous
» allons soumettre votre proposition à nos con-
» citoyens , et nous vous ferons part de leur
» décision.

« Vous en fûtes moins frappé que nous, Mes-
» sieurs . Résolus de rester fidèlement attachés à
» votre terre maternelle, vous ne pûtes croire que

» sous l'appât d'une indemnité trompeuse, on
» vous engageroit à y renoncer en effet, car
» vous reconnûtes que cette terre chérie ne
» seroit plus rien pour vous, qu'elle ne vous
» offriroit plus que des labeurs sans profits
» véritables, qu'elle vous soumettroit de nou-
» veau à l'humiliante dépendance des officiers
» des chasses, aux vexations, aux vengeances
« des gardes, irrités de leur longue inaction,
» si vous la laissiez grever de la servitnde pro-
» posée. Vous pensâtes donc que vraisembla-
» blement on abusoit du nom du Roi, pour
» sonder vos dispositions ; que ce n'étoit là
» que le projet, assez bien connu des officiers
» de l'ancienne capitaincrie de Meudon, de se
» faire attribuer un domaine assez vaste pour
» les occuper tous, et conserver tous leurs
» gardes, et vous ne nous prescrivîtes aucune
» réponse.

« Aujourd'hui vous nous croirez sans doute ;
» et la nombreuse députation qui vous rend
» compte de ses démarches, par mon organe,
» ne vous attestera pas vainement le danger que
» nous allons courir, si vous négligez de faire
» tout ce qui dépend de vous pour dévoiler à
» nos législateurs le piége qu'on leur présente
» contre nous, piége si bien tendu, que nous

» nous y trouverions pris sans qu'ils le sachent,
» et parconséquent sans qu'ils le veuillent.
» Notre plaine, en ce moment, est absolu-
» ment hors l'enclave de toute propriété doma-
» niale; elle borne absolument dans toute sa
» longueur le territoire du parc de Meudon ;
» elle en est tellement distincte, qu'autrefois
» un mur en formoit la limite. Ainsi, les choses
» restant en l'état actuel, quand on décrèteroit
» la première partie de la motion par laquelle
» M. *Merlin*, membre du comité de féodalité,
» proposoit dans la séance du 22 Juillet der-
» nier, de déclarer que *dans les plaisirs du*
» *Roi la chasse est interdite, même aux proprié-*
» *taires sur leurs fonds, sauf à statuer sur l'in-*
» *demnité qui peut leur être due pour raison de cette*
» *défense*, ce décret, tout monstrueux, tout
» illégal qu'il seroit, ne frapperoit point
» sur nous, puisque nous ne sommes pas dans
» les plaisirs du Roi.

« Mais si l'on accorde au Roi la propriété
» des bois ecclésiastiques qui sont de l'autre
» côté de la plaine, ce sera autre chose ; notre
» plaine alors se trouvera renfermée dans les
» plaisirs du Monarque, et si le Ministre a assez
» de crédit pour obtenir cette possession ,

» croyez-vous qu'il lui en manquera pour faire
» prononcer le décret ajourné?

« Il y compte tellement, que déjà sur la carte
» le mur projeté est désigné par des points
» rouges, comme l'ancien mur qui circonscri-
» voit le parc de Meudon, et le séparoit entiè-
» rement de notre propriété, y est figuré par
» une ligne continue de même couleur.

« Pour résumer, voici donc le plan du Mi-
» nistre. On accordera au Roi les bois des
» Religieux; on ne parlera pas nommément de
» la plaine de Clamart, parce qu'on est in-
» formé de l'opposition de ses hahitans à toute
» espèce de transaction qui asserviroit leur pro-
» priété; mais on les forcera, par un décret,
» à l'indemnité qu'ils refusent; et c'est ainsi que
» s'accomplira ce qu'il nous prédisoit, que si
» nous ne décidions pas nous-mêmes l'Assemblée
» Nationale décidera pour nous. »

ARRÊTÉ DE LA COMMUNE.

L'Assemblée Générale, ouï le rapport de sa
députation, profondément affligée de se voir
privée, dans la circonstance effrayante où elle
se trouve, de la faculté de déposer ses alarmes
et ses justes réclamations dans le sein de l'Assemblée Nationale, en qui seule elle peut se confier;

mais persuadée que les sages législateurs que le Peuple Français a revêtus de sa représentation et de sa majesté, n'oublieront jamais que le droit sacré de la propriété, étant le fondement du pacte social, tout décret qui, dérivant du principe de la motion de M. *Merlin*, tendroit à y porter la moindre atteinte, ou, ce qui seroit la même chose, soumettroit le propriétaire à l'inévitable servitude des indemnités, remettroit, dès les premiers jours de la liberté, les membres de l'Etat sous la seule loi du plus fort, a arrêté à l'unanimité complète des suffrages, que, par la voie de l'impression, la seule qui lui reste pour se faire entendre à ses défenseurs, il sera représenté à l'Assemblée Nationale :

1°. Que, sans consentir à sa propre ruine, et sur-tout à celle de la génération qui doit lui succéder, la Commune ne peut se prêter à aucun arrangement qui auroit pour objet de soumettre ses proprités à la plus légère servitude ;

2°. Que la culture libre de sa plaine est indispensable à son existence, et qu'elle ne voit pas comment on a pu persuader à Sa Majesté, à qui le vaste parc de Meudon suffisoit, qu'elle avoit encore besoin aujourd'hui de cette portion précieuse d'un territoire qui nourrit, pour le

service de la patrie et l'utilité d'une grande ville,
trois cents familles de cultivateurs ;

3°. Qu'il est digne de nos augustes mandataires d'interposer leur médiation auprès du Roi,
pour engager ce bon Prince à renfermer dans
les bornes de l'équité et de la justice les divers
plans de son Ministre, à réformer les demandes
exagérées qu'il ose lui prêter, et qui compro-
mettent les propriétés particulières, dont aucune
ne peut être mise en danger, sans y exposer
toutes les autres.

L'Assemblée a de plus arrêté que les mêmes
représentations seroient faites à Sa Majesté, avec
supplication d'ordonner la reconstruction du mur
du parc depuis si long-tems sollicitée, quelque-
fois promise, et qu'elle a quelque droit d'atten-
dre d'un Monarque qui compte ses jours par ses
bienfaits, et qui, dans toutes les occasions, s'est
plu à préférer l'utilité publique à ses propres
convenances.

Ce fut fait et arrêté en l'Assemblé Générale
lesdits jour et an.

Signés, DESPREZ, maire ; CLIVIN, DUVAL,
PUTHOMME, PELCERF, CURÉ, officiers muni-

cipaux ; A. Crespinet, C. Ancelin, père ;
Gravelines, L. Crespinet, Ancelin, fils ;
C. Gogne, S. P. Drouet, Bonnelet, major ;
Ringnoir, Bachoux, A. de Marne, J. B.
Drouet, Boulogne, Vincent, Langot,
Gastineau, J. P. Corby, Abraham, Lan-
guedocq, Chastellier, Bled ; Picot,
J. Rayer, etc. etc.

Fillassier, procureur de la commune.

Le Gendre, secrétaire-greffier.

De l'Imprimerie de Calixte Volland, quai
des Augustins, N°. 25.

*Et se trouve chez Regent & Bernard,
Quai des Augustins, N°. 37.*

www.ingramcontent.com/pod-product-compliance
Lightning Source LLC
LaVergne TN
LVHW011507170726
843501LV00009B/3660